LE SERGENT LOUIS RENARD

POST-SCRIPTUM

POST-SCRIPTUM

Ce *post-scriptum* complète

la pieuse plaquette consacrée a la mémoire

du sergent Louis Renard.

CITATION

A L'ORDRE DU RÉGIMENT

Renard (Louis-Jules-Victor), sergent à la 1re compagnie du 85e régiment d'infanterie :

Sous-officier énergique, animé des meilleurs sentiments. Blessé grièvement, le 16 septembre 1914, près de Perthes-les-Hurlus, alors qu'il conduisait, avec un cran superbe, une patrouille de sa section au milieu des lignes ennemies. Décédé le surlendemain des suites de sa blessure. S'était déjà fait remarquer comme un gradé courageux dans les précédentes rencontres, le 22 août en Belgique, les 27 et 28 août devant Sedan, les 7 et 8 septembre à la bataille de la Marne.

MÉDAILLE MILITAIRE

BENARD (Louis-Jules-Victor), matricule 5551, sergent au 85e régiment d'infanterie.

Brave sous-officier. Tué pour la France, le 16 septembre 1914, devant Perthes-les-Hurlus, en faisant vaillamment son devoir. Croix de guerre avec étoile de bronze (*Journal officiel* du 22 novembre 1921).

A MES COLLABORATEURS DE L'ÉCOLE KARGUENTAH

Limoux, le 29 octobre 1914.

Mes chers et fidèles amis,

Votre si affectueux témoignage nous a touchés profondément. Oui, nous sommes devant l'irréparable! Tant de jeunesse, d'intelligence, un cœur si tendre, un esprit si droit, une âme si virile, tout cela nous est enlevé à jamais!

La fatale nouvelle est parvenue à Édouard le 17 dans la matinée, pendant un cours qu'il faisait aux élèves de l'école primaire supérieure (il y remplace le professeur de lettres, mobilisé). Il parlait de la *Chanson de Roland* et, coïncidence remarquable, il avait commencé à raconter la mort du héros lorsqu'on frappa à la porte. C'était un télégramme à remettre en mains propres. Il le prit en tremblant. Avant de l'ouvrir il avait deviné ce qu'il contenait. Pourtant il réussit à maîtriser sa douleur et il dit aux enfants : « Mon frère a été tué à l'ennemi. La leçon est terminée ». Puis il sortit.

De l'école à la sous-préfecture, le chemin lui parut court. J'étais à travailler dans ma chambre quand il y entra. Je me levai. Il se jeta dans mes bras en sanglotant. Je compris que tout était fini.

Cependant il nous fallait prévenir la mère. La veille elle me rappelait les souffrances qu'elle avait endurées vingt-trois ans auparavant. Elle allait maintenant souffrir bien davantage.

Je vous dis tout cela parce que vous étiez, parce que vous êtes toujours de la famille.

J'ai la conviction qu'avant de mourir, dans une suprême évocation, notre glorieux petit soldat a revu la maison, l'école, le jardin paternels : vous n'avez pas été oubliés. Je vous embrasse en pleurant.

JULES RENARD.

DOCTEUR J. GASSER

Oran, 31 octobre 1914.

Mon cher et bon monsieur Renard,

Ma femme, mes enfants et moi aurions voulu être les premiers à vous dire toute la part que nous prenons à votre deuil et la peine que nous en ressentons. Toute glorieuse qu'elle soit, la mort de votre pauvre Louis, qui donnait tant d'espérances, n'en est pas moins cruelle. Tous vos amis partagent votre douleur, et je n'ose pas vous dire que ces témoignages de sympathie, joints à la cause pour laquelle Louis est mort, sont susceptibles d'atténuer votre chagrin.

GASSER.

(2 novembre 1914).

ARISTIDE BRIAND,

garde des sceaux, ministre de la justice.

avec ses bien sincères condoléances, et très ému de votre si belle lettre.

Nîmes, 28 novembre 1914.

Je vous remercie de tout cœur de ne pas nous oublier. Et je puis vous dire que je pense bien à vous deux, à votre grand chagrin, à votre amer regret de voir tant de dons, tant de qualités de cœur, tant de promesses anéantis ici-bas, anéantis en apparence, car la vie se continue, se perfectionne, et vous vous reverrez. Sentez combien votre amour pour lui est une chose *vivante*.

Isabella Rossel.

UNIVERSITÉ DE PARIS

FACULTÉ DES SCIENCES

LABORATOIRE DE GÉOLOGIE

25 janvier 1915.

Je viens de recevoir votre aimable carte et la coupure qui y était jointe. J'ai lu avec émotion les lignes consacrées à votre fils, dont la conduite brillante et héroïque laissera son nom, gravé en lettres d'or, dans les fastes de la gigantesque bataille que nous livrons pour la civilisation et l'humanité.

Merci mille fois d'avoir pensé à moi. Cette courte notice aura sa place dans mes plus précieux souvenirs de la guerre.

Louis Gentil.

Le Dattier, près Cavalaire, Var, 31 janvier 1915.

Chère madame,

C'est avec un douloureux plaisir que nous avons reçu la photographie de votre cher fils. Je la trouve d'une ressemblance frappante, donnant une impression très vraie du modèle et reproduisant avec beaucoup de fidélité son aspect le plus habituel. Nous garderons pieusement ce souvenir de notre jeune ami et je vous remercie bien sincèrement, chère madame, de nous l'avoir envoyé.

Nous avons tous lu avec émotion les extraits de lettres réunis dans l'article qui accompagnait la photographie. L'âme de votre fils s'y révèle plus tendre et en même temps plus forte que dans la vie ordinaire. On sent qu'il avait des réserves de sensibilité et d'énergie qui rendent sa personne plus attachante encore. Il est vraiment digne d'être pleuré par ses amis.

Je comprends que vous désiriez donner son nom au bébé qui va venir. Il perpétuera sa mémoire sans le remplacer. Puisse cet enfant vous apporter les consolations qu'on ne peut repousser, puisse sa jeune présence être un baume qui apaise la violence de votre douleur !

Nous nous réunissons, chère madame, pour vous envoyer, ainsi qu'à tous les vôtres, l'expression de nos sentiments affectueux et dévoués.

J. Foncin.

Du front, 6 février 1915.

Je garde votre lettre dans mon sac. Elle sera un réconfort précieux dans les moments pénibles que nous réserve le destin.

L'exemple vertueux de notre cher Louis me guidera fermement sur le noble chemin du devoir; et si je tombe frappé, à son souvenir la mort me semblera plus douce!

Albert Saurat.
(Ancien élève de l'école Karguentah, blessé, chevalier de la légion d'honneur).

Pibrac, le 4 mars 1915.

J'ai demandé plusieurs fois des renseignements sur la mort de votre bien-aimé Louis à des officiers et sous-officiers de la 1re compagnie. Il s'est conduit en brave, il est tombé en héros. Cette pensée doit vous être une consolation et atténuer, dans la mesure du possible, votre profonde douleur.

Ma femme me charge de vous transmettre ses bien sincères compliments de condoléance. Elle avait vu votre enfant le jour de son départ pour le front et l'avait apprécié à sa juste valeur. La nouvelle de sa mort lui fut bien pénible et elle se joint à moi pour partager votre deuil cruel.

J. Flotard.

Limoux, le 9 mars 1915.

Ma chère Berthe[1],

Je vais remuer de douloureux souvenirs. Mais votre affection pour notre glorieux sergent me le pardonnera.

C'est le 25 février que m'est parvenu le sachet si longtemps attendu, le sachet du ministère de la guerre.

Oh! il ne contenait que peu d'objets, et cependant il est pour nous d'un prix inestimable.

Quelques papiers et *son* porte-monnaie — un vieux porte-monnaie arabe devenu relique —, rien de plus.

Dans ce porte-monnaie, la plaque d'identité avec, d'un côté, l'inscription « *Renard Louis-Jules* 1911 », et de l'autre, « Le Blanc 852 » : une clé, la clé de la valise déposée, lors de la mobilisation, au domicile de l'adjudant-chef Flotard, enfin une médaille pieuse.

Le 2 août, notre pauvre chéri avait écrit à son frère : « Nous sommes logés dans un couvent administré par d'anciennes sœurs. Ces dames nous ont donné de petites médailles en métal à l'effigie de la sainte Vierge. « Elles « vous porteront bonheur, disaient-elles en pleurant ». J'ai mis précieusement la mienne dans mon porte-monnaie ».

Hélas! tous nos vœux et ceux de ces braves femmes devaient rester vains.

Parmi les papiers, une *feuille d'observation*, de laquelle il résulte que notre malheureux enfant fut blessé *le* 16 *septembre* (balle à la cuisse et à l'aine droites), pansé la première fois le même jour (sans doute dans la cabane où

1. Mme Jean Lucq, tante de Louis Renard et son ancienne maîtresse à l'école Karguentah.

son colonel le fit transporter), et qu'il n'entra à l'ambulance de Somme-Suippe que le 17.

Sur une autre feuille sont notés au jour le jour les pays traversés et les combats livrés :

« *Lundi* 7, *mardi* 8. Combat au sud de Sompuis.

« *Mercredi* 9. Repos sur nos positions. Le XXIe corps est engagé (Saint-Ouen).

« *Jeudi* 10. Nous prenons des positions plus avancées.

« *Vendredi* 11. Poursuite de l'ennemi. Patrouille. Prisonniers. Blessés dans une ferme. Vitry-la-Ville. Pont coupé.

« *Samedi* 12. Nous couchons à Poix incendié.

« *Dimanche* 13. Nous continuons notre marche. Nous couchons dans un champ près de Somme-Suippe incendié.

« *Lundi* 14. Nous poursuivons toujours l'ennemi, qui résiste. Le colonel m'annonce que je serai nommé sergent.

« *Mardi* 15. Nous couchons sur nos positions. »

A partir du 15, plus un mot. C'est fini, bien fini. Mais à cette date le noble enfant a crayonné à son frère une admirable lettre, qui peut être considérée comme son testament.

Je me suis empressé de la transcrire avant que rien s'en efface, gardant avec vénération l'original.

Ton frère affectionné,

JULES RENARD.

Ce mercredi 17 mars 1915.

Mon cher Jules,

C'est lundi que nous est parvenue votre lettre et la dernière de notre bien-aimé Louis. Je n'ai pu empêcher mes larmes de couler en lisant les dernières lignes tracées par notre vaillant petit sergent. Quel courage tranquille et héroïque devant la mort! Que d'affection, que de tendresse son cœur renfermait pour vous tous! Il ne songe pas à lui, aux dangers qu'il court; il souffre de vos angoisses, comprend dans quelle anxiété peut vous plonger le manque de nouvelles, et il s'excuse de la peine involontaire qu'il vous cause. « Ce n'est pas sa faute. » Non, certes, ce n'est pas sa faute; il avait une âme trop aimante pour vous faire la moindre peine. Pauvre chéri, il songeait à tous ceux qu'il avait laissés, et je suis bien certaine que s'il redoutait la mort, c'était surtout en pensant à l'immense douleur qu'il allait nous causer à tous. Que de tendresse et de vaillance dans cette lettre écrite dans la tranchée! Il me semble le voir nous adressant son dernier adieu. Je comprends, mon cher Jules, que pour vous et pour Jeanne ce soit une douleur atroce d'avoir perdu un fils si affectueux et si brave. Nous partageons avec vous cette douleur. Pourtant je dois vous avouer que les dernières lignes de notre petit soldat m'ont apporté une consolation, celle de savoir qu'avant de mourir il eut la joie de poursuivre l'ennemi en déroute et d'être récompensé de sa belle conduite par les galons de sergent et les félicitations de son colonel. Voilà six mois qu'il nous a quittés et pourtant je ne puis me faire à l'idée que je ne le reverrai plus. Nous avons eu du moins la satisfaction d'apprendre que nos lettres, témoignage de notre profonde affection, lui sont parvenues, et qu'il a su combien nous étions de cœur avec lui. Je comprends que les chers objets laissés par lui soient pour vous de précieuses reliques. Je vois par la pensée son porte-monnaie : nous l'avions acheté avec Jeanne rue de la Révolution. Comme tout cela est loin ! Mais, mon pauvre Jules, je n'ose pas relire ma lettre. Au lieu de vous donner du courage, je ne sais que pleurer avec vous. Pardonnez-moi. Mon excuse est la grande affection que j'avais pour mon pauvre petit, que j'espérais tant faire venir à Aïn-Temouchent. Enfin il faut se résigner, pour si cruelle que soit la réalité, et j'espère que, selon son désir, votre petit-fils remplacera auprès de vous le cher disparu.

Je vous quitte, mon cher Jules. Jean et André se joignent à moi pour vous embrasser tous de tout cœur.

Votre sœur dévouée,

BERTHE.

CHAMBRE
DES DÉPUTÉS

Paris, 20.5.15.

Merci, mon cher ami, de la photographie de notre petit sergent qui, sous son costume de soldat, symbolise si bien la crânerie et l'allant du soldat français. Je vais le placer dans ma chambre, à côté de l'image de Gambetta. Il ne me quittera plus.

La lettre du colonel Breton est une page touchante qui révèle une âme tendre et généreuse. Il a trouvé des accents émouvants pour parler de notre cher Louis.

EUG. ÉTIENNE.

Paris, le 4 mai 1915.

Oui, cet enfant était un enfant d'élite, et nous avons tous bien perdu en le perdant. Et comme ce colonel Breton, lui aussi, est un brave cœur! On voudrait le connaître pour lui serrer la main et le remercier de trouver dans sa bonté les mots qui touchent et qui consolent.

BAILLY.

Oran, le 25 décembre 1915.

Nous avons pris une grande part au malheur qui vous a frappé, connaissant cette peine atroce de perdre un enfant. Puisse le sacrifice de tous ces êtres jeunes et beaux ne pas être inutile et notre douleur être la rançon de notre toujours plus grande France!

Mme LAIGNOUX,
7, rue Cavaignac, 54.

(Mère de Fernand Laignoux, ancien élève de l'école Karguentah, tué à l'ennemi, décoré de la médaille militaire).

Taza, le 7 juin 1916.

Nous avons été de cœur avec vous le jour où nous avons appris la mort glorieuse de votre fils. Nous avons la certitude que tous ces sacrifices ne seront pas vains et que bientôt la France aura triomphé de l'ennemi que nous haïssons tous.

Bien souvent je me suis souvenu des cours d'histoire que vous nous faisiez. Quelquefois l'émotion vous gagnait et nous étions tous émus.

CAMILLERI.

(Ancien élève de l'école Karguentah, tué à l'ennemi, décoré de la légion d'honneur).

Oran, 8 août 1916.

Nous sommes nombreux, cher monsieur Renard, à pleurer des êtres chers tombés glorieusement pour la patrie ; mais c'est une grande atténuation à notre douleur de pouvoir espérer que leur sublime sacrifice ne sera pas vain.

Du fond de leur tombeau, nos chers « invisibles », comme les appelle le poète, conduiront leurs frères d'armes, restés pour les venger, à la victoire entière et définitive. J'en ai la certitude.

DANGLES.

(Père de Gaston Dangles, ancien élève de l'école Karguentah, tué à l'ennemi, décoré de la médaille militaire).

Le 21/9/16.

Mes chers parents,

J'ai été à Somme-Suippe rendre visite au pauvre Louis. Le cimetière est dans les dépendances de l'église du village, vieille église dont on a pansé les blessures du clocher avec des branches de sapin. Je cherche... Que de gloire dans ce modeste enclos et comme le silence est solennel! Je cherche... Voici la tombe à quelques mètres de l'abside, à deux pas du mur de clôture. Oui, je savais bien qu'il dormait avec d'autres: mais, hélas! je ne me le rappelais plus. Je croyais trouver une petite tombe vers laquelle, moi qui ne sais pas prier, je me serais penché, que j'aurais pu prendre entre mes deux bras. Et c'est un simple renflement de terre, plat comme une allée, gris, presque blanc, très étroit et trop long. Ils sont là huit, tombés vaillamment face à l'ennemi. Mais lui, où est-il? où faut-il que je me place pour être plus près de lui? Ici? là?... Je m'arrête à chaque pas et je fouille la terre de mes yeux, cherchant à savoir, dans l'espoir de je ne sais quelle révélation subite. Et, tout à coup, devant mon impuissance, ma poitrine se brise et j'éclate en sanglots! Des chants et des prières s'élèvent de l'église, mêlés à la plainte harmonieuse d'un orgue. Mon immense douleur en est comme bercée, des larmes chaudes mouillent mes joues, des mots de tendresse expirent sur mes lèvres, et soudain j'éprouve un véritable sentiment de gêne, à la pensée que nous ne sommes pas seuls et que d'autres morts sont là tout près... trop près.

Trois croix ornent la tombe. La plus grande a été commandée par papa. C'est à elle qu'est suspendu le cadre où est imprimé le juste tribut d'admiration du chef à son glorieux sergent. Au pied de la grande croix, une autre plus petite, suprême hommage des soldats à leur bon camarade. Plantée dans le tertre frais, le jour même des obsèques, elle porte sur une plaque de zinc ces simples mots écrits au crayon :

85e d'infanterie.
LOUIS RENARD,
sergent,
mort au champ d'honneur.
16 septembre 1914.

Le mot RENARD a été dans la suite grossièrement gravé avec un clou. Au pied de la tombe, une troisième croix avec un écriteau sur lequel les noms des huit frères d'armes. Louis est inscrit le premier de la deuxième rangée. Je dépose la couronne en perles ornée d'un nœud tricolore que j'ai apportée de Châlons, je cueille quelques fleurs, je prends une poignée de terre. L'heure de l'adieu a sonné. Je ne voudrais pas abuser de la complaisance du secrétaire général de la Marne qui m'a accompagné jusqu'ici et sans qui je n'aurais certainement pas pu accomplir mon douloureux pèlerinage; mais je ne puis me décider à partir. Il me semble entendre une voix me dire : « Reste, reste encore un peu auprès de moi ». Et à peine me suis-je éloigné que je reviens bien vite, comme on accourt au chevet d'un malade.

Pourtant je voudrais bien avoir des détails sur ses derniers moments. Me voici dans l'église. Le père jésuite qui a fini de célébrer la messe, à genoux sur un prie-Dieu, est absorbé dans une profonde méditation. Je vais à lui. Il se lève. Je l'interroge.

« Oui, j'étais là en septembre 1914. Je ne me rappelle pas avoir connu le sergent Renard. Les blessés étaient transportés soit dans l'église, qui avait été débarrassée et où on avait répandu de la paille, soit à l'ambulance...

— Existe-t-elle encore, cette ambulance ?

— Oui, elle est demeurée à la même place. C'est un bâtiment que vous avez dû voir à l'entrée du village, un ancien orphelinat. Les blessés ont été soignés du mieux que l'on a pu, mais en très grande hâte. Les Allemands n'étaient qu'à deux ou trois kilomètres d'ici, et l'on s'attendait à tout moment à un retour offensif de leur part. Tout était préparé pour une prompte retraite ».

Le maire, accompagné de l'instituteur, vient me rejoindre. Eux non plus ne savent pas grand'chose. Tous les papiers laissés par les blessés ont été remis à l'officier gestionnaire. Il n'y a rien à la mairie. Quant au personnel de l'ambulance, il y a longtemps qu'il a été changé.

Mais voici le fossoyeur. Il est jovial, comme tous ceux de sa profession. Je ne lui en veux pas de sourire devant mes larmes, parce qu'il me dit : « C'est moi qui ai enterré ceux qui sont là ».

Et, tandis qu'il me parle, je ne puis détacher mes yeux de ses bras noueux et velus, qui ont été les derniers à porter le corps de notre Louis bien-aimé.

« Y sont huit, là, couchés l'un à côté de l'autre, perpendiculairement à la croix. Y sont tous habillés, oui tous habillés. Vot' frère, ça doit être le premier. Y doit être là, au pied de la grande croix. D'abord y avait qu'une croix, celle-là, ce sont ses camarades qui l'ont plantée. Pour sûr ils l'ont mise là ousqu'est vot'frère. Pis y doit avoir son galon sur la manche, vous le reconnaîtrez. Les orreries, ça ne bouge pas; ainsi... ».

Il entama une longue histoire qui ne m'intéressait pas,

mais que je fis semblant d'écouter pour m'attirer sa bienveillance. Je fis de nouveau appel à ses souvenirs. Il ne put rien me dire de plus.

Le soir, j'arrivai à Paris. C'était un dimanche, il était dix heures. C'est à cette heure-là que j'accompagnais Louis au lycée. A cette seule pensée, dans la rue, je me mis à fondre en larmes.

Je vous embrasse tous de tout mon cœur.

Éd. Renard.

29 sept. 1916.

Je pense, mon cher ami, à votre cher disparu. Quel deuil pour vous, pour votre compagne ! Mais avec quelle fierté on peut le supporter en songeant à la gloire de votre pauvre enfant, au sacrifice fait à la patrie !

Je suis bien sûr, moi qui vous connais bien, que c'est dans ces pensées que vous avez dû trouver quelque soulagement à votre immense douleur.

Th. Monbrun.

Oran, le 18 octobre 1916.

Nos enfants sont morts pour une bonne et sainte cause. Leur gloire est immortelle. Que cette pensée apporte du soulagement à notre douleur !

A. Gaudry.

(Institutrice, mère de Lucien Gaudry, ancien élève de l'école Karguentah, tué à l'ennemi, décoré de la médaille militaire).

SÉNAT

—

Paris, le 28 octobre 1916.

Cher ami,

Votre héros n'aurait pas été oublié, certes, mais ce petit livre confirmera à ses amis, aux vôtres, qu'en donnant sa vie à la patrie et à la République, votre fils a eu pleine conscience de son acte généreux et qu'il est allé à la mort le cœur haut et ses yeux clairs fixés sur la victoire de demain.

Bien affectueusement à vous tous.

SAINT-GERMAIN.

CABINET DU PRÉFET
DU LOIRET

—

Orléans, le 30 octobre 1916.

C'est un monument élevé à la mémoire glorieuse de votre regretté fils, le sergent Louis Renard.

Il n'était pas déjà un oublié pour moi; il ne le sera jamais. Mais cette correspondance m'a placé dans l'atmosphère qui convenait pour mieux comprendre la beauté et l'utilité de son sacrifice, du vôtre.

VITRY.

1/11/16

LOUIS LIARD,
membre de l'Institut,
vice-recteur de l'académie,

prie M. Jules Renard d'agréer tous ses remerciements pour son touchant envoi.

L. Liard.

4 novembre 1916.

Le monument que votre amour paternel et votre fierté de Français ont élevé à la mémoire du sergent Louis Renard est digne de lui et digne aussi du régiment qui l'a compté dans ses rangs et qui, le 17 septembre 1914, l'a inscrit sur son livre d'or.

Ce n'est pas sans émotion que j'ai relu, dans les pages de votre pieux recueil, les témoignages de l'estime et de l'affection que lui avait donnés sans réserve le colonel du 85e d'infanterie. Il vous avait montré le soldat, aujourd'hui vous montrez à vos amis le soldat et le fils; ils vous diront comme moi que vous avez le droit d'en être fier.

Breton,
commandant la 154e division,
secteur 198.

La Roche-Bellusson, 4 novembre 1916.

Nous, les vieux de 70, nous sentons peut-être plus que d'autres la beauté de cette vaillance et nous sommes reconnaissants à ces héros de venger si noblement nos défaites.

Th. Benazet.

Merci de tout mon cœur pour cette émouvante brochure. Certes, je n'oublierai pas ce héros : je joins son nom à tant de noms que j'ai déjà mis dans mon cœur ! C'est une atroce mais magnifique gloire que la vôtre. — J'ai regardé, les larmes aux yeux, le portrait de ce fier et charmant enfant.

Tout vôtre,
Edmond Rostand.

(1916), 6 nov. Marseille.

TRIBUNAL DE PREMIÈRE INSTANCE
DU DÉPARTEMENT DE LA SEINE

Paris, le 6 novembre 1916.

En rentrant j'ai ouvert le livre et j'ai lu d'un seul trait la correspondance que vous avez échangée, votre fils et vous.

Que de belles paroles, que de nobles sentiments y sont

exprimés, et par-dessus tout quelle exquise sensibilité de ces deux âmes!

Vous dites quelque part, dans une note, que votre fils « n'appartenait à aucune religion ».

Ah! si, il en avait une, et vous aussi vous en avez une, la plus belle de toutes : la religion de la famille que vous prolongez par le culte des morts.

C'est ma religion à moi aussi. C'est pourquoi il me semble que je vous ai si bien compris.

Pourquoi, oh! pourquoi votre fils n'a-t-il pas été épargné?...

Dimanche, j'attends mon fils, actuellement au 85e d'artillerie. Je lui donnerai la brochure à lire. Il y trouvera le plus noble exemple d'affection pour les siens, de dévouement au pays, et de mâles et solides vertus.

PACTON.

6/11/16.
1, rue Juliette-Lamber (17e).

Comment ne pas être ému par ces détails si simples, si vrais, si beaux, qui montrent si bien une âme d'élite? Il s'y ajoute pour moi une sympathie de plus. Vous savez que j'ai perdu mon petit-fils devant Verdun. Il était de ceux qui pensent et agissent comme le vôtre.

Amitiés profondes

F. BUISSON.

Paris, 6 novembre 1916.

Cher enfant! Quel caractère droit, enthousiaste, bien français! Quel homme il fût devenu!

Ah! nous l'aurons, cette victoire, mais que, nous deux, nous l'aurons payée cher!

Je vous embrasse de tout cœur, mon vieil ami, et je pleure avec vous.

F. Heurtel.

Oran, le 9 novembre 1916.

Cher monsieur Renard,

Mon frère m'a apporté hier, après onze heures, le souvenir douloureux, mais combien noble, par lequel vous avez voulu que fût conservée la mémoire de votre cher Louis. Pendant la petite heure et demie dont je dispose à ce moment de la journée, j'ai coupé — avec quelle émotion! — ces feuillets qui font revivre votre héros. J'ai passé là un moment d'angoisse qui me poursuit encore; car, à mesure que je feuilletais les pages où tant de noms connus s'unissent dans un pieux hommage, où je sentais, à chaque ligne, l'âme du père sous celle du fils, les souvenirs d'il y a quinze ans se réveillaient.

Et il est infiniment triste de penser que tous ces souvenirs sont sans lendemain, que toute cette belle jeunesse que nous avons contribué à former a disparu, et que si les jeunes, les petits, retrouveront après la guerre, par la magie de leur jeunesse, la joie et le rire, nous sommes trop avancés dans la vie pour que nos joies à nous ne soient toujours assombries ou endeuillées par le souvenir.

Cher monsieur Renard, j'ai peut-être tort de vous dire tout cela : je voulais vous adresser, avec mes remerciements, ces paroles de consolation qui viennent sur les lèvres ou coulent de la plume et qui — il me semble — n'atteignent point l'âme qui souffre parce qu'elles ne peuvent l'atteindre. Et alors ma plume s'y refuse : la consolation ne peut être apportée par de banales formules, toujours les mêmes. Elle a une source intérieure : l'âme forte se console elle-même par la volonté d'être plus forte que la douleur et de vaincre la douleur. Et je vous connais trop pour ne pas être sûr que c'est cette volonté qui vous a guidé dans votre acte de piété. Je vous parlais des souvenirs d'il y a quinze ans : vous rappelez-vous cette soirée exquise où Mlle Langlois nous disait les vers de Rostand :

Celui qui voit son rêve mort
Doit mourir tout de suite ou se dresser plus fort.

Vous vous êtes dressé plus fort, et au lieu de recevoir des consolations, vous avez voulu en donner aux autres : c'est pourquoi ces pages, réunies par le père à la gloire du fils, possèdent une valeur d'énergie qui m'émeut profondément.

Émile Jacquard.
(Instituteur à l'école Karguentah).

Oran, le 10 novembre 1916.

Si ce livre nous a fait revivre les heures douloureuses que vous avez vécues, il nous a en même temps fait éprouver toute l'admiration que mérite notre cher mort et remplis d'une juste fierté.

Nous conserverons religieusement ce témoignage d'amour d'un père désolé et fort à un fils bien-aimé.

GUIONIE.

Oran, 10 novembre 16.

A voir tous les témoignages de sincère affection qui vous sont venus de tant d'amis, j'ai pensé que, peut-être, votre grand chagrin et celui de la pauvre mère si durement frappée au cœur s'adouciraient quelque peu, si toutefois une atténuation à semblable douleur peut se concevoir.

En même temps j'ai revu Louis à l'école, enfant joyeux, toujours en mouvement, puis au lycée. Mais les souvenirs se précisent davantage quand il revenait en vacances ou qu'il retournait à Paris. Vous nous invitiez dans le petit jardin de la maison. Là nous voyions un enfant transformé. Comment ne pas admirer l'urbanité du jeune étudiant, serrant affectueusement la main à ses vieux maîtres, s'inquiétant de leur santé, les encourageant par de bonnes paroles dans leur tâche si rude !

Et ces réunions familiales où l'on trinquait à sa réussite.

à son avenir qui s'annonçait brillant, me reviennent à la mémoire et me saignent le cœur.

LHUILLIER.

(Instituteur à l'école Karguentah).

Saint-Gaudens, ce 10 novembre 1916.

Je l'ai retrouvé tel que je l'avais connu, plein de cœur, comblé de toutes les qualités qui lui attiraient spontanément la sympathie, l'affection de tous ceux qui l'approchaient. Je suis heureux d'avoir su l'apprécier. Avec des jeunes gens de sa trempe, les chefs qui ont le bonheur de les commander peuvent tout oser. Mais, hélas! il faut reconnaître que la mort, cette grande aveugle, paraît se complaire à frapper ces natures d'élite.

J. FLOTARD.

Libourne, 11 novembre 1916.

C'est avec les larmes aux yeux que se lisent ces pages pleines de pensées si élevées et de sentiments si profonds.

C. PÉTREMENT.

Oran, le 12 novembre 1916.

Je l'ai revu enfant, étudiant, soldat, héros, et je revis avec vous, mon vieil ami, les heures poignantes que vous avez dû traverser depuis qu'il n'est plus.

Il n'est plus? Si. Toujours présent en nos mémoires, il vit en nous aussi puissamment que s'il nous parlait toujours.

D. Marie.

(Instituteur à l'école Karguentah, ancien maître de Louis Renard).

LYCÉE SAINT-LOUIS
(ANCIEN COLLÈGE D'HARCOURT)

Paris, 15 nov. 1916.

Je ne voulais pas vous accuser réception de la plaquette que vous m'avez adressée, avant de l'avoir lue : j'ai pu le faire, enfin, avec intérêt et piété. Louis revit dans ces pages, et je vous remercie bien vivement de m'avoir donné l'émotion de les lire.

Bailly.

CABINET DU PRÉFET
—
BELFORT
—

Belfort, le 15 11/1916.

J'avais connu votre Louis alors qu'il était bien jeune, mais déjà se révélait en lui une âme noble et haute, l'âme du héros qu'il devait être un jour.

Je l'associe dans mon souvenir à mon cher petit Robert, son camarade d'école, bravement tombé à Ypres un mois plus tard, après avoir accompli, lui aussi, *tout* son devoir.

G. Zimmermann.

(Père de Robert Zimmermann, ancien élève de l'école Karguentah, tué à l'ennemi, décoré de la médaille militaire).

CABINET
DE
L'INSPECTEUR D'ACADÉMIE

Limoges, le 15 novembre 1916.

J'ai été touché de cette marque de bon souvenir. J'ai été ému par les tristesses que me rappelaient ces pauvres lettres. Elles sont intéressantes, elles prouvent une nature tendre, fière et brave. Elles ne nous apprennent rien, à nous qui connaissions ce pauvre Louis, mais elles le feront connaître à ceux qui entendront parler de lui et qui ne l'auront pas vu. Ce sera une lecture pour ses neveux. Ils l'aimeront comme s'ils avaient vécu près de lui.

JACQUES CRÉVELIER.

Oran, 16 novembre 16.

Chers amis,

Merci de nous avoir comptés parmi ceux qui ont aimé, pleuré et glorifié votre admirable enfant.

Nous avons versé bien des larmes en lisant et relisant ses lettres si affectueuses et si pleines de courage, et nous comprenons mieux encore combien doit être grande la douleur de perdre un fils si aimant.

Du courage, bien chers amis! La vue de votre enfant dans son auréole de gloire atténuera votre douleur.

B. BOISSIN.

LE GÉNÉRAL LYAUTEY
RÉSIDENT GÉNÉRAL
AU MAROC

—

Fez, 18/11/16

Combien je suis touché de l'envoi de l'opuscule consacré à la glorieuse mémoire de votre fils! Dans votre deuil, il est vraiment consolant de voir de quelle haute sympathie vous avez été entouré et quels témoignages unanimes ont été rendus à sa mémoire. C'est ce jeune sang, versé avec une telle générosité, qui fécondera la terre sur laquelle nous reconstruirons après tant de ruines et de deuils.

Moi aussi, je suis entouré, parmi les miens, de douleurs semblables.

Votre cordialement fidèle,

LYAUTEY.

19 novembre 1916.

Avec quelle émotion j'ai lu le pieux mémento que vous avez consacré à la mémoire de votre enfant bien-aimé, du cher petit héros que nous pleurons tous!

Il survit dans ces pages avec sa belle âme si ardente et si fière. Quelle précieuse relique pour ses petits neveux! Ils trouveront toujours une tradition d'honneur, de vaillance morale, dans la vie de ceux qui les ont précédés. Quel exemple, quelle force pour eux!

Toutes les lettres du sergent Louis Renard sont belles et émouvantes dans leur simplicité. Celle que je préfère, que je sais presque par cœur et que je ne relis pas sans larmes, est celle du 29 août. Comme je comprends son dernier vœu!

Je ne vous étonnerai pas en vous disant que la lettre de mademoiselle Bella Rossel m'a profondément touchée. Moi aussi, je crois que votre cher Louis ne vous a pas quitté; vous le retrouverez, nous le retrouverons un jour. Nous retrouverons les êtres chéris sans lesquels nous ne pouvons plus que nous survivre ici-bas.

M. Maigron.

Saïda, le 25 novembre 1916.

Jamais son image ne quittera notre souvenir. Aux heures de doute ou de découragement, nous ouvrirons le petit livre où il y a tout son cœur et tout le vôtre, et nous y puiserons de réconfortantes paroles : sa vie restera un exemple pour nous tous.

Eug. Cruck.

Président de la Société des anciens élèves de l'école Karguentah.

Alger, 26 novembre 1916.

Il y a des douleurs qui ne peuvent ni ne veulent être consolées. La vôtre, comme la nôtre, est de ce nombre. Mais l'hommage rendu au courage et à l'héroïsme de nos enfants par ceux qui les ont bien connus est tout de même pour nos pauvres âmes meurtries un réconfort qui a son prix.

HENRI FOURNIER,

proviseur honoraire.
(Ancien proviseur de Louis Renard au lycée d'Oran).

Oran, ce 15 décembre 16.

Connaissant les sentiments que je professe pour vous et tous les vôtres, monsieur le docteur Sandras a bien voulu me communiquer la brochure-souvenir que vous avez consacrée à votre cher petit Louis. Je l'ai lue avec d'autant plus d'intérêt que je l'avais suivi de bien près dans sa première enfance, et il me semblait revivre une époque déjà bien éloignée.

Et par quelle émotion profonde se sent-on gagner en parcourant toutes ces lettres où, à l'amour paternel répond une adoration filiale si touchante! Vous le pleurez encore, et je le conçois aisément; mais les précieuses condoléances qui vous ont été apportées spontanément, la part bien grande que vos nombreux amis ont pris à votre douleur ont dû vous réconforter et vous soutenir dans cette dure épreuve.

M. CAUSSE.

(Ancien élève de l'école Karguentah).

Constantine, le 1er janvier 1917.

Mon cher maître,

Je vais partir bientôt en colonne : soyez certain que je n'oublierai pas de mettre votre plaquette dans mon sac : il me semblera avoir Louis à mes côtés sur la route, et le soir au bivouac, c'est avec lui que je m'entretiendrai près des feux qui incendieront la nuit. Il n'est point vrai qu'il ne soit plus. Chez tous ceux qui l'ont connu, qui l'ont aimé, il est plus vivant que jamais.

C. Marie.

Sergent, 72e régiment d'infanterie,
12e compagnie, Constantine (Algérie).
(Ancien élève de l'école Karguentah,
blessé, cité à l'ordre du régiment).

Lucien Poincaré,

conseiller d'État,
directeur de l'enseignement supérieur,

remercie vivement monsieur Renard d'avoir bien voulu lui envoyer le touchant souvenir d'un jeune héros. En lisant ces pages charmantes, on comprend la grandeur de la perte faite par une famille cruellement éprouvée, mais cette mort pour la plus juste des causes doit être supportée avec courage et fierté.

6 juin 1917.

Bel-Abbès, le 20 décembre 1917.

J'ai appris, monsieur Renard, que, comme moi, vous aviez payé largement votre tribut en perdant un de vos fils. Nous avons tous deux, dans notre immense malheur, la consolation de pouvoir dire que nos enfants sont morts en braves pour la France, et qu'ils sont notre orgueil.

A. Celle.

(Père de Louis Celle, ancien élève de l'école Karguentah, tué à l'ennemi, décoré de la médaille militaire et de la légion d'honneur).

Le 11 janvier 1918.

J'ai été hier au soir sur la tombe de notre cher Louis, au pied de la vieille église de campagne qui veille sur son dernier sommeil. Il avait neigé depuis plusieurs jours, et le cimetière était feutré de blanc. J'ai cherché un moment. Quelle terrible émotion m'a noué la gorge lorsque j'ai lu le nom de mon vieil ami sur la plaque de bois qui domine l'entourage !

La tombe est propre, bien entretenue. Un drapeau tricolore flotte sur elle et, dans un cadre, j'ai pu lire la belle lettre que le colonel Breton vous a adressée. Des cocardes tricolores sont suspendues entre les couronnes qui fleurissent l'entourage. Je vais faire l'impossible pour trouver quelques fleurs dans ce pays désolé. Je les répandrai sur la neige pour qu'elles apportent à mon pauvre Louis le parfum de la terre, l'hommage de mon immortelle amitié.

J'avais le cœur serré, pesant de toute la tristesse du monde, et il m'a fallu toute mon énergie de soldat pour ravaler mes larmes.

C. Marie.

CHAMBRE
DES DÉPUTÉS

Paramé, le 22/9/18.

Je vous remercie, mon cher ami, de la photographie que vous m'envoyez : je l'ai sous mes yeux et, en la contemplant, je voyais le doux, le gracieux visage de l'enfant qui déjà avait la haute conscience de son devoir et qui l'a accompli comme un Bayard, sans peur et sans reproche, jusqu'au suprême sacrifice. S'il avait vécu, dans la paix il se serait avancé avec un cortège de vertus civiques et morales qui l'auraient classé un jour parmi les grands citoyens de son pays. La tourmente éclate et, comme un soldat d'Homère, il va droit à l'ennemi et succombe en héros.

Eug. Étienne.

CABINET DU MAIRE
DE LYON
—
LE MAIRE
—

Lyon, 2 décembre 1918.

Merci de tout cœur.

Je donnerai une place dans ma bibliothèque à ce précieux petit livre et un souvenir dans ma pensée au sergent Louis Renard.

Bien à vous,
Herriot.

SÉNAT

—

Paris, le 21 mai 1919.

Dites-vous, quelque douleur que soit la vôtre, que c'est un sort enviable de donner sa vie pour la patrie. Nos ancêtres de la Révolution disaient avec raison qu'il n'y en a pas de plus beau. Je le pense fermement : nous vivons, puis nous mourons, et notre existence, dans celle de l'humanité, compte à peine : nous ne valons que par l'exemple que nous donnons ou que nous laissons dans le cercle infime où nous nous agitons. Les plus heureux sont ceux qui tombent pour une grande cause, et ceux-là seuls sont à plaindre, qui demeurent, pour les pleurer.

Maurice Sarraut,
(Sénateur de l'Aude).

Somme-Suippe, le 4 juin 1919.

Bien chers enfants,

Ç'a été pour nous un grand soulagement de pouvoir nous agenouiller et laisser cours à nos larmes sur la tombe de notre glorieux et inoubliable Louis. Nous vous avons associés, nous avons associé ses neveux chéris au suprême hommage que nous lui avons rendu. En votre nom, nous avons pieusement déposé les immortelles nouées d'un ruban tricolore rapportées par vous de la Côte d'Azur. Nous avons placé à côté l'humble et touchant bouquet remis à leur mémé par nos bons petits-fils.

Le tombeau est bien entretenu, l'un des mieux soignés du cimetière. Vous trouverez ci-jointes quelques fleurs cueillies ce matin à votre intention.

Les souvenirs du passé nous reviennent en foule et rendent notre émotion poignante. Ainsi je me rappelle que votre maman et toi, ma chère Fernande, avez déjeuné avec Louis à *l'Albrighi* le 5 juin 1914, c'est-à-dire juste cinq ans avant notre arrivée ici.

De gros baisers, mes chers enfants. Faites pour nous les plus tendres caresses à nos mignons chérubins.

J. R.

CHAMBRE
DES DÉPUTÉS

Paris, le 15-7-19.

Mon cher ami,

Mon cœur était près du vôtre quand, là-bas, vous vous prosterniez sur la tombe de notre jeune héros. Je pleurais avec vous. Merci d'avoir pieusement recueilli pour moi cette petite fleur qui semble refléter la beauté et la douceur de son âme.

Pauvre et cher petit Louis! Son sublime trépas a donné la victoire à notre France adorée. Jusqu'à mon dernier souffle son image chérie restera gravée dans mon cœur.

Je vous embrasse tous.

Eug. Étienne.

Paris, 22 juillet 19.

Madame Dousdebès et moi vous remercions du fond du cœur, ainsi que madame Renard, du souvenir ému que vous avez conservé de notre André, que vous avez vu si petit.

Nous nous associons de tout cœur, et plus que tout autre, à votre grande douleur, que nous avons ravivée !

Nous nous souvenons aussi de votre cher enfant, que nous donnions comme modèle à notre petit André, et loin de nous était à ce moment la pensée que ces enfants deviendraient des héros à leur manière, et qu'ils mettraient aussitôt en pratique les sentiments d'honneur et de courage que leur avaient inculqués si profondément leurs pères et leur vénéré professeur Jules Renard.

DOUSDEBÈS.

(Colonel du génie. Père d'André Dousdebès, ancien élève de l'école Karguentah, tué à l'ennemi, décoré de la médaille militaire).

Paris, 31 juillet 19.

Cher monsieur Renard,

J'ai reçu votre bien affectueuse lettre et la plaquette que vous m'annonciez.

En lisant cette dernière, on est ému, on se recueille.

On admire les pensées qui animent le jeune caporal

plein de courage, qui non seulement ne veut pas faiblir devant le danger qu'il voit et qu'il affronte, mais qui réconforte ses parents pour les empêcher de faiblir devant le danger qu'ils ne voient pas, mais qu'ils pressentent.

On admire les pensées des parents qui ne cessent d'encourager leur enfant et qui essayent de lui cacher combien ils sont angoissés eux-mêmes.

On pleure en lisant les pressentiments du jeune caporal et en constatant que le jeune sergent ne lira plus les lettres que ses parents, ignorant leur malheur, lui adressent encore.

Enfin on est heureux de constater la fidélité des vrais amis, qui se réunissent pour essayer d'atténuer, si possible, par d'affectueuses paroles, la grande peine qui afflige les malheureux parents.

Que de parents, éprouvés comme nous, ont la douleur de ne pas savoir où repose leur enfant bien-aimé !

Comparons leur malheur au nôtre et réfléchissons !

Pendant la guerre, nos cœurs devaient rester inébranlables et impassibles, et le sont restés.

Aujourd'hui seulement que cette épouvantable guerre est finie, il nous est permis de pleurer.

Bien affectueusement et tristement à vous.

Dousdebès.

CHAMBRE
DES DÉPUTÉS

Paris, le 23/9/19.

Mon bien cher ami,

Vous voilà au 55e anniversaire de votre mariage, et votre délicieuse femme a gardé une fraîcheur, une bonne grâce, un charme qui est la parure et l'ornement de votre vieillesse.

Je sais qu'en cet heureux anniversaire il manque quelqu'un, un fils adoré qui fut un héros. Quoi de plus beau à contempler, à adorer pieusement et saintement !

Ce ne sont pas les pleurs qui doivent couler de vos yeux : mais de vos âmes si élevées doit déborder un sentiment de noble fierté et d'amour.

Je suis avec vous tous de tout mon cœur et je vous embrasse comme je vous aime.

EUG. ÉTIENNE.

Bel-Abbès, le 1er mai 1920.

J'étais du même régiment que votre fils, tombé en héros pendant la retraite de la Marne.

Il a été mon camarade de combat en Belgique et au camp de Mailly. Inutile de vous dire combien il a été regretté par les poilus du 85e.

P. LARRIVÉE.
(Ancien élève de l'école Karguentah,
blessé, cité à l'ordre du régiment).

Valmy, le 18/10/20.

Valmy! Un grand nom et un petit village, a écrit quelque part Victor Hugo. Nous avons tenu à nous y rendre en souvenir des volontaires de 92 et des lignes superbes de notre cher Louis sur la statue de Kellermann.

J. R.

CABINET
DU TRÉSORIER GÉNÉRAL
DE LA MAYENNE

27 novembre 1920.

J'ai relu avec une émotion bien douloureuse la lettre magnifique et tendre de votre Louis écrite sous le feu, les paroles qu'il prononçait au banquet des conscrits du Blanc en 1912, et enfin les lignes si touchantes du général Breton commandant la 66e brigade.

Nous sommes unis dans la même fierté, dans la même affliction, comme nos chers enfants dans le même héroïsme, dans la même amitié d'école.

G. Zimmermann.

LE PRÉFET DE L'AUDE

Carcassonne, ce 28 novembre 1920.

Laissez-moi vous assurer que rien n'égale la lettre *sublime* de votre fils Louis qui, en mourant pour la France, voulait avoir aussi « la sensation de tomber dans vos bras ».

R. Mireur.

50e DIVISION D'INFANTERIE

LE GÉNÉRAL

Avignon, le 16/12/20.

Vous avez eu une pensée, je suis sûr, pour l'ancien colonel du 85e, quand vous vous êtes rendu avec madame Renard près du petit carré sacré dont j'ai vu autrefois la terre fraîchement remuée. Je vous en remercie de tout cœur, comme je vous remercie pour les aimables félicitations que vous m'avez envoyées à l'occasion de ma récente promotion dans la légion d'honneur.

BRETON.

Paris, le 20 mai 1921.

Mes chers enfants,

Nous voici de retour dans la capitale après avoir pu constater que la tombe de notre bien-aimé Louis est tenue en parfait état.

Avec son entourage orné de couronnes et de palmes, la grande croix de chêne contre laquelle s'appuie la hampe du drapeau flottant et claquant au vent, la verdure et les jolies fleurs qui recouvrent le sol, ce petit coin de terre n'a pas l'air trop funèbre. Il évoque plutôt des idées de jeunesse et de gloire, ce qui ne saurait me déplaire. Dans l'humble cimetière, il n'y a rien de mieux.

Comme vous le savez, au lycée Saint-Louis et à la faculté des sciences, on a gravé dans le marbre les noms des élèves morts pour la patrie. Je vous envoie le fac-similé de la plaque du lycée Saint-Louis, plaque scellée dans le mur du parloir.

Votre père dévoué,

JULES RENARD.

ACADÉMIE D'ALGER

LYCÉE DE GARÇONS D'ORAN

Oran, le 15 juillet 1921.

De pareils morts, monsieur, ne périssent point. Dans nos lycées leurs noms sont immortalisés à jamais, puisqu'ils sont inscrits sur le martyrologe de ceux qui ont tout donné à la France et à la patrie. Leur souvenir reste profond en nos cœurs.

A. MOULIS,
censeur des études du lycée d'Oran.

(Pour le proviseur en vacances).

28 novembre 21.

Mon cher mari vous aimait bien tous et j'entends encore son cri de douleur à l'annonce du trépas glorieux de votre Louis, douleur que j'ai partagée, puisque ses amis étaient devenus les miens et que j'avais pu apprécier le futur héros.

J. ÉTIENNE.

Paris, 14/4 22.

Mon cher Édouard,

Nous sommes restés longtemps prosternés, les yeux pleins de larmes, sur la tombe de notre héros, vous associant à nous par la pensée, grands et petits. J'ai ouvert la plaquette consacrée à sa mémoire et il m'a semblé le revoir plus beau et plus grand que jamais. J'ai relu tes vers, la lettre nous racontant comment il a reçu le baptême du feu, celle qu'il m'a adressée à l'occasion de mon anniversaire et celle, si tendre, si émouvante, qu'il t'a crayonnée dans la tranchée, et où, pressentant sa fin prochaine, il s'apaise à la pensée que ses neveux le remplaceront dans le cœur de ses parents.

Comme dans une vision, sa trop courte vie a repassé devant moi, et c'est l'âme pleine de lui que je suis sorti du cimetière.

Ton papa affectionné,

JULES RENARD.

30e DIVISION D'INFANTERIE

LE GÉNÉRAL

Avignon, le 11 mai 1922.

C'est avec une grande satisfaction que je remettrai entre vos mains les insignes qui témoigneront de la valeur et de l'héroïsme de votre brave Louis. Votre fierté et votre émotion, je puis vous en donner d'avance l'assurance, seront partagées par l'ancien colonel du 83e qui présidera, à Avignon, la cérémonie du prochain 14 juillet.

Bien vôtre,

BRETON.

15 juin 22.

Bien cher monsieur et ami,

Votre affectueuse lettre de fin mai m'a causé une profonde émotion. Croyez que je serai là de tout mon cœur, comme l'eût été Celui qui vous aimait tant, lorsqu'on vous remettra, au 14 juillet, la médaille militaire et la croix de guerre, si héroïquement gagnées par votre cher Louis.

Voulez-vous me rappeler au bon souvenir de tous les vôtres, bien embrasser vos petits-enfants pour moi, et croire à mes sentiments les plus affectueux et les plus sincères.

J. Étienne.

Extrait de *la Dépêche* de Toulouse du 20/7/22.

DÉCORATION POSTHUME

Au cours de la revue du 14 juillet, à Avignon, la médaille militaire et la croix de guerre, attribuées à la mémoire de Louis Renard, frère du sous-préfet de Narbonne, furent remises à son père, M. Jules Renard, grâce à la bienveillance de M. le général Breton, commandant la 30e division d'infanterie.

Louis Renard, étudiant à la faculté des sciences de l'université de Paris, était parti de Toulouse, le 6 août 1914, avec le 83e, alors commandé par le colonel Breton. Nommé sergent, le 16 septembre suivant, il fut mortellement frappé le même jour, au moment où il conduisait une patrouille dans une zone de petits bois tenus par les troupes allemandes. Avant de mourir, il eut la consolation de voir son excellent chef à ses côtés, d'entendre ses bonnes paroles, de se sentir aimé de lui.

« Nous voilà unis dans la douleur », dit au père en deuil le général Breton. C'est que ce dernier vient, lui aussi, de perdre un fils chéri, tué glorieusement au Maroc.

Et l'intrépide entraîneur d'hommes, resté jeune, et le volontaire de 70, courbé par l'âge, qui se rencontraient pour la première fois, s'étreignirent, éprouvant le même déchirement et la même fierté.

Paris, 16, rue Meslay (3e), 17 janvier 1925.

Les lettres de votre fils Louis et celles que vous lui avez écrites m'ont ému; je ne crois guère aux paroles qui consolent; j'espère pour vous et pour la mère que le disparu revit dans le petit-fils né le même jour que lui, que c'est le *revenant* seul capable d'adoucir votre chagrin avec le sentiment que votre enfant est tombé en faisant très courageusement son devoir.

GEORGES RENARD.
(Professeur au collège de France).

RÉPUBLIQUE FRANÇAISE

MARÉCHAL JOFFRE

Paris, le 4 septembre 1925.

Cher Monsieur,

C'est avec beaucoup d'émotion que j'ai lu la brochure consacrée au beau et noble soldat que fut votre fils, le sergent Louis Renard.

Il s'est donné tout entier et dès le premier jour à son pays. Il n'a été abattu ni par les fatigues, ni par la rude existence de la campagne. Très brave au feu, discipliné, respectueux de chefs qui l'aimaient et l'estimaient, ce combattant modèle était aussi le plus tendre des fils et le plus délicat des amis. Il est mort pour la France. C'est un héros dont il faut garder pieusement le souvenir et citer l'exemple.

A son père qui l'a si noblement élevé et tant aimé, j'envoie l'expression de ma très vive sympathie.

J. JOFFRE.

1925.

18 septembre! Glorieux et cruel anniversaire. Après neuf ans, notre amour, notre admiration, nos regrets sont restés aussi vifs. Et il en sera de même jusqu'à notre dernier souffle. C'est de sa tombe que nous vous envoyons nos plus tendres baisers.

JULES RENARD, JEANNE RENARD.

LE PRÉSIDENT
DE LA RÉPUBLIQUE

7/1/24.

Cher monsieur,

La pieuse pensée que vous avez eue de me faire parvenir la plaquette de votre cher fils me touche infiniment, et ma femme se joint à moi pour vous exprimer, avec nos remerciements, nos sentiments de profonde sympathie.

Croyez-moi, je vous prie,

votre tout dévoué,
A. Millerand.

14/1/24.

M. et Mme Raymond Poincaré

remercient monsieur et madame Jules Renard de l'envoi de la pieuse et émouvante brochure consacrée au vaillant sergent Louis Renard. R. P.

Hénin-Liétard, le 29 mars 1924.

C'était, il me semble, en juin 1918.

Nous allions sans but. Je suivais notre déplacement sur la carte. Les villages ruinés se succédaient, le long de la grand' route usée et poudreuse.

A force de se battre, les communiqués aidant, on devient quelque peu stratège.

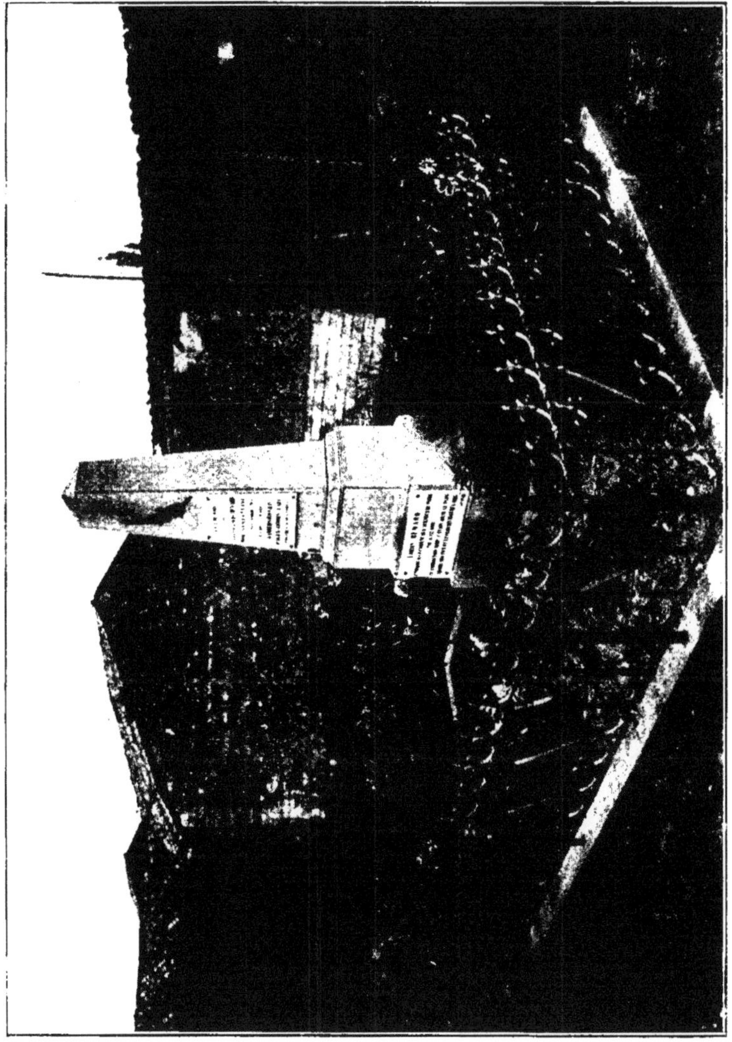

J'eus bientôt la conviction intime que nous allions faire front devant Tahure.

Alors, cette terre ingrate de la Champagne, où j'avais combattu pendant quatre mois en 1915 : cette terre déprimante par sa monotonie, son aridité, sa solitude : cette terre détestée, sans eau, sans abri, dont la zone de repos identique à celle du feu semblait une terre d'exil : cette terre, je la retrouvais avec satisfaction : elle allait me permettre d'accomplir un pieux devoir.

Nous prîmes position à environ trois kilomètres au nord de Somme-Suippe.

Je pensai aussitôt que c'était peut-être là que notre cher Louis était tombé. J'évoquai son noble sacrifice. Dès que nous fûmes installés, j'obtins quelques heures pour aller au cimetière. J'y emmenai mon ordonnance et celle d'un camarade :

« Cherchez, leur dis-je, la tombe du sergent Louis Renard ».

Je la découvris le premier dès la première minute. Il me semblait que j'étais dirigé, et les battements de mon cœur m'avertissaient que j'étais proche.

Un drapeau tricolore... Une épitaphe... C'est ici.

Lorsque mes soldats me rencontrèrent, ils comprirent que j'avais trouvé. Et devant mon émotion, sentant que c'était plus qu'un frère d'armes, ils firent plus que le salut militaire. Émus à leur tour, ils ôtèrent leur casque.

J'obtins l'autorisation d'aller jusqu'à Châlons. Je partageai l'étape selon les moyens permis par l'ennemi : à pied, à cheval, en voiture. Une vieille carriole de paysan faisant partie du service des approvisionnements fut mise à ma disposition.

A Châlons, je trouvai vite un magasin de couronnes mortuaires : mais je voulais quelque chose qui répondît mieux à mes sentiments. On me fit une palme dorée nouée d'un ruban tricolore. A tant de gloire il fallait une offrande symbolique.

ALBERT SAURAT.

Paris, le 16/4/24.

Chers enfants,

Nous vous avons associés, grands et petits, au pieux devoir que nous venons de remplir. Notre voyage s'est effectué par un temps gris et pluvieux, qui a rendu plus poignante encore la tristesse du souvenir le plus cruel de notre vie. Rentrés fatigués à Paris hier soir, nous vous adressons à la hâte ces lignes, regrettant vivement de ne pouvoir vous faire tenir en même temps l'image de la tombe de notre glorieux Louis, telle qu'elle est aujourd'hui.

JULES RENARD, JEANNE RENARD.

95 220. — PARIS. IMPRIMERIE LAHURE,
9, rue de Fleurus. 1926.

www.ingramcontent.com/pod-product-compliance
Ingram Content Group UK Ltd.
Pitfield, Milton Keynes, MK11 3LW, UK
UKHW021015180726
13838UKWH00004B/1550